GLANIAD

Cerddi Dwy wrth Groesi Paith Patagonia

Mererid Hopwood
Karen Owen

Diolch

- i Sioned Puw Rowlands a Chyfnewidfa Lên
Cymru am drefnu'r daith;

- i Jorge Fondebrider a Luned González am
arwain y daith;

- i'r beirdd, Tiffany Atkinson, Jorge Aulicino,
Silvia Camerotto, Nia Davies, Inés Garland,
Richard Gwyn, Monica Kohon, Verónika
Zondek; ac i'r anthropolegydd, Hans Schulz,
am eu cwmni ar y daith;

- i Myrddin ap Dafydd a Gwasg Carreg
Gwalch am roi'r daith ar gof a chadw.

Argraffiad cyntaf: 2015

ⓗ Karen Owen, Mererid Hopwood

Cyhoeddir gan Wasg Carreg Gwalch

Rhif rhyngwladol: 978-1-84527-545-7

Mae'r cyhoeddwr yn cydnabod cefnogaeth ariannol
Cyngor Llyfrau Cymru

Cynllun clawr: Eleri Owen

Cyhoeddwyd gan Wasg Carreg Gwalch,
12 Iard yr Orsaf, Llanrwst, Conwy, LL26 0EH.
Ffôn: 01492 642031 Ffacs: 01492 641502
e-bost: llyfrau@carreg-gwalch.com
lle ar y we: www.carreg-gwalch.com

Cyflwynedig i bobol y Wladfa

Cynnwys

Map o'r daith

Buenos Aires

Bariloche

Puerto Madryn

Esquel

Trelew

Trevelin

Gaiman

Rhyd yr Indiaid

Dolafon

Dôl y Plu

Islas Malvinas

Tierra del Fuego

Dechrau'r daith

Ôl

i'r arloeswr

Unwaith mewn oes cyd-groeswn – o'r dŵr hallt
   i'r dre' hardd, a cherddwn
lôn dy laniad; dilynwn
yr un droed drwy'r hen dir hwn.

Morgan a Mary Jones

Beth weli di, faban y don,
a bro ddidwyll breuddwydion
y dweud mawr yn dywod mân?
A beth weli di, fam y don,
wedi magu damhegion
fory gwell ar fôr o gân?

Beth deimli di, faban y don,
mor ifanc, ond mae'r ofon
yn dy eni di dy hun?
A beth deimli di, fam y don,
a dŵr heli d'orwelion
dros y tir yn llosgi'r llun?

Beth glywi di, faban y don,
a'r glaw'n dileu caneuon
hil hen wlad y galon lân?
A beth glywi di, fam y don?
Ai cwyno'r holl acenion
sydd heno heb do, heb dân?

Beth fyddi di, faban y don?
Ai dwy wlad a dyledion,
neu ddweud hardd y freuddwyd hen?
A beth fyddi di, fam y don,
wedi amser pryderon?
Yn dy fraich mae Gwladfa'r wên.

11

Bŵts KO

'Anghofio Chatwin', meddai bymff y daith,
gan restru'r pererinion yn eu trefn,
a gair neu ddau i geisio chwyddo'u gwaith
yn froliant balch i lenwi'r ddalen gefn;
rhyw ymffrost am eu hawen bêr, a blas
o liw meddyliau mwys y beirdd bob un,
rhyw bwt o'r corff a'r enaid, twtsh o'u tras -
a'r pen, y frest a'r llaw yn ffrâm y llun.
'Anghofio'r Cyfan Hyn!', medd un o'n plith,
yr un a wyddai heddiw fel erioed
yr âi'r holl daith a'r gwaith i gyd o chwith
pe na bai neb yn cofio am wisg y droed:
nid sgidiau swanc fel addurniadau seld,
ond pâr o sgidiau cerdded, sgidiau gweld.

MH

Buenos Aires

Anti Norma
Norma Elena Hughes

Dy gofio'n fy magu, ni allaf i;
y gwenu a'r parablu yn dy freichiau di
sy'n wir am i'r camera ein dal yn ei lun
rhyw noson o Awst yn fy mhentref fy hun.

Yr oeddet, bryd hynny, yn gwenu'n braf,
ac am ddeugain mlynedd mi fuodd hi'n haf,
er ein bod ill dwy ym mhegynnau'r byd
heb na phrifwyl na phererindod i'n dwyn ni ynghyd.

Ond yna, un Awst, a fi'n ganol oed,
ar berwyl barddoniaeth, fel ag erioed,
mi gerddaist i'r neuadd i glywed y sioe
yn y ddinas a'i heddiw mor ddiarth â ddoe.

Ac fel y gwna'r Cymry, lle bynnag mae'r sgwrs,
maen nhw'n chwilio cydnabod, neu berthyn, wrth gwrs:
dyna fu hanes lleiafrifoedd y byd,
am fod profiadau cyffredin yn eu dwyn ynghyd.

Ond prifddinas Ariannin sy'n boblog iawn,
a'i strydoedd, mynwentydd a'i bariau'n llawn,
ac o blith y miliynau, pwy gerddodd i'r llun
ond y nyrs fu'n fy magu yn ei breichiau ei hun!

Wrth i Buenos Aires roi clust i'r hen iaith,
mae'n dryllio distawrwydd degawdau maith;
a'r hogan fach o Ben'groes, yn ei mamiaith hi,
yn canu ei cherdd yn dy famwlad di.

KO

Sgiltisgafndroed

Gwisgodd Dinas finlliw liw dydd,
ffarweliodd â'r nos ag un gusan,
cododd ei llaw ar y sêr uwch ei phen
a chofleidio yr awyr fain, arian.

Golchodd ei hwyneb mewn ffynnon wen,
rhwbiodd Jim Cwsg o'i dwy amrant,
cyn dawnsio a'i sodlau yn hoelion i gyd
a churo y tango i'w phalmant.

Heibio'r hen wragedd a'u sipian te swanc,
a'u gwefus rhy blastig i flasu,
crychau cyfoethog eu gyddfau dan ffwr,
a'u calon yn rhy drwm i garu.

Ac yna cyrrhaeddodd Dinas y man
lle teyrnasai un mab bach pryd tywyll,
gwyliodd ei goesau a'i ddwylo'n chwyldroi
gan dorri'r awelon fel cyllyll.

Hwn ydoedd Sgilti Ysgafned ei Draed,
yr harddaf o blant Buenos Aires,
gofynnai am geiniog bob dydd am ei ddawns,
y gofyn cynharach na'i hanes.

Oedodd ein Dinas, ysgwydodd ei phen,
aeth ymlaen, er bod esgid yn gwasgu,
heb ddeall yn iawn o holl blant ei stryd
pam fod Sgilti yn gwrthod â thyfu.

MH

15

Expectamus Dominum
Mynwent y Cyfoethog, La Recoleta

Rhwng cistiau dreir y meirw,
drwy'r rhesi clud drysau clo,
daw'r haul aur i dorri'r awyr las,
a'i ddawns yn ofn yn eu hen ddinas nhw,
dinas nad yw'n dihuno.

Yn gamau mân, yn gymwynas,
mae'r pelydrau gwadnau gwyn
am oleuo palm o liwiau,
ond mae'r bore Sul cul yn cau
am feini llym y fynwent,
a lle anniogel i angel yw.

Dawns hiraeth dansherus
ydyw hon, ac ni all sodlau'r dydd
na threiddio na sleifio islaw
i'r marmor a'i drysorau -
mae mor drwm, a'r marw drud
a'r rent wedi gwarantu
arhosiad hir yn nhai'r rhesi twt.

Rhaid disgwyl, disgwyl nes daw hollt,
atalnod maint crau nodwydd,
cyn all gewin yr haul,
fel llafn fflam cannwyll,
eu gwanu'n rhydd.

Ym mynwent yr amynedd,
yn gudd ac yn dragwyddol,
maen nhw'n disgwyl
disgwyl
eu Duw.

MH

Milwyr y Malvinas
protest o flaen y Weinyddiaeth Amddiffyn

Heddiw, dw i'n deall i'r dim
yr hyn nad oedd disgwyl i mi ei ddirnad
yn wyth mlwydd oed:

Yn un naw wyth dau,
ar sgrin y set deledu
yr oedd gofyn i ni ymdrechu i godi o'r gadair
os am newid y llun ar ei sgrîn,
cofiaf long fawr, lonydd, ar fôr llwyd;
cofiaf grafiad angor awdurdodol llais y newyddion;
cofiaf, rywsut,
eiriau'r rhyfel hallt yn recriwtio yn Gymraeg;
a chofiaf ddynes ddur
a'i gwallt yn rhwd yn yr Haul
yn gweiddi, "*Gotcha*, Galtieri!"

Heddiw, dw i'n deall i'r dim,
ar strydoedd diplomataidd Buenos Aires,
pam mae teiars yn fflamio'n ddiamynedd;
pam mae'r tarmacadam yn toddi;
y mwg yn hongian yn ddu uwch y placardiau;
a dicter yn llond y geiriau
sy'n sugno dagrau o ystyron
fel hancesi mamau.

A dyna ydi deall peryg,
am mai lladron fu cadfridogion
yn 'Lenthryd, Dolbenmaen, Catraeth,
ym Maes Glas, Sycharth a Phentraeth;

lladron fel erioed
yn y Somme a Chorea a Fietnam,
Irac a'r Almaen, Syria ac Affganistan...

A dyna pam,
fel dw i'n deall,
mae wyneb ffordd y dyfodol yn dyllau
ac yn drawma
rhy ddewr o ddieflig,
mor anniolchgar o ddialgar
o ddioddefiadau soldiwrs ddoe.
A fawr neb yn protestio.

KO

Blodeuwedd's

Mae'n deintydd ni bellach yn cynnig dwtsh mwy
na dannedd di-boen i drigolion y plwy;

nid cynnig Sosialaeth, na chwaith godi llais,
na throi'r gadair yn bulpud fel Niclas y Glais,

nid cynnig i bawb, os yw'n onest â'i hun,
ond cynnig i ferched yn bennaf wna'r dyn;

a dyna paham mai *Blodeuwedd* yw'r gair
am ei ddull o droi'r claf yn Fadonna neu'n Fair.

(Byddai Saunders yn hoffi'r gymhariaeth fach hon:
Blodeuwedd's am Forynion Mewn Gwisg Newydd Sbon.)

Mae'n cynnig un gwydion i wefusau sy'n slac,
a gwydion a hanner i bob crych a chrac.

Noda di'r prisiau, rho'r cyfeiriad i lawr,
Blodeuwedd's yw'r enw – archeba le nawr.

Blodeuwedd's! Gweddnewidiaeth! Mae'n wyrth ar fy llw!
Mynd mewn megis menyw, dod mas fel gwdi-hŵ.

MH

Porth Madryn /
Puerto Madryn

Ogofâu traeth Porth Madryn
o weld yr enw 'Karen' wedi'i grafu i'r graig

Yr oedd 'na ddwy ohonom
ar draeth ym mhen draw'r byd
pan ddaeth Archentwr atom
a wyddai'n stori i gyd.

Wrth chwilio am un ogof
yng nghreigiau gwyn y lan,
datguddiwyd holl geudyllau'r
ymfudwyr ym mhob man.

"Fin nos, fan hyn," eglurai,
"y bu'r hen Gymry'n byw
a dim ond calchfaen rhyngddynt
a dyrnau stormydd Duw."

Roedd, yn y muriau meddal,
rai enwau'n oedi'n hir:
twristiaid fentrodd unwaith
ymweld â hyn o dir.

A finnau'n ofni gofyn,
ar draeth yr hanes crwn,
pryd fûm i ym Mhorth Madryn
i grafu'r atgof hwn?

KO

"¡No somos Cristianos!"

Bryd hynny, roedd ar y Cewri ofn Cristnogion balch y dŵr
a'u hadnodau hir am gariad a'u bwledi bychain siŵr.

Doedd duwiau'r hen Tehuelche, duwiau'r pridd a duwiau'r llyn,
yn deall dim ar reswm duw newydd y Cristnogion gwyn.

A phan ddaeth y Cymry'n fintai a cheisio ffrindiau'r paith,
bu rhaid iddynt dyngu'n uchel nad eiddynt hwy y chwaith

oedd crefydd y llofrudd a'r lleidr, crefydd y dant am ddant,
"¡No somos Cristianos!" oedd cri teulu Dewi Sant.

"¡No somos Cristianos!" Mae'r hen eiriau eto'n wg,
a ninnau'n lladd pobl
sy'n lladd pobl
am fod lladd pobl yn ddrwg.

"¡No somos Cristianos!" Mae'r Gwynfydau'n goelcerth fwg,
a ninnau'n lladd pobl
sy'n lladd pobl
am fod lladd pobl yn ddrwg.

"¡No somos Cristianos!" I'r Ddinas Gadarn pwy a'n dwg?
A ninnau'n lladd pobl
sy'n lladd pobl
am fod lladd pobl yn ddrwg.

MH

Cofia Tierra del Fuego
Tir y Tân, pwynt mwyaf deheuol yr Ariannin

Os mai tân sy'n casáu, a thân ydi cariad,
ac mai tân ydi siawns, a thân ydi bwriad,
dw i'n adnabod y tân sydd yn hiraeth dy lygad;
am mai tân, yn wir, ydi pob cnawd.

Tra bo tân yn ein gobaith, rhaid mai tân sy'n newynu,
tân sydd yn llosgi a phuro a sychu,
a thân sy'n y bol cyn tyfu i fyny;
y tân sydd yng nghalon pob chwaer a brawd.

Os mai tân sy'n amlosgi, mae tân yn adfywio,
dydi tân ddim yn maddau, ond mae tân yn anghofio,
mae tân, wedi'i ddiffodd, yn mygu pob chwyldro;
a thân sy'n ail-dwymo cawl y tlawd.

Rhaid cael tân i wneud coelcerth, a thân i greu gwres,
a thân ydi'r haul, a thân sy'n gwneud pres,
fe all tân losgi allan, a'n dwyn ni yn nes;
a thân tebygolrwydd sy'n fflamio ein ffawd.

Os oes tân mewn doethineb, ac mai tân ydi crefydd,
mae tân yn hynafol o nerthol a newydd,
mae tân yn ein lludw a'n geni'n dragywydd;
am mai tân, yn wir, ydi pob cnawd.

KO

Ac mae'r esgid fach yn gwasgu

Pe bai 'nghalon i'n gwch,
cawn hwylio o'r llwch
yn ôl at y ddôl.

Amor Seco,
Topa Topa, Lengua del Fuego.

Pe bai 'nghalon i'n grud,
cawn fy siglo'n glyd
yn ôl at y ddôl.

Amor Seco,
Topa Topa, Lengua del Fuego.

Pe bai 'nghalon i'n rhwyd,
cawn ddal y lliw llwyd
a'i daflu yn ôl.

Amor Seco,
Topa Topa, Lengua del Fuego..

Ond mae 'nghalon i'n dân,
ac mae'n llosgi fy nghân,
a does dim ar ôl.

Amor Seco,
Topa Topa, Lengua del Fuego..

MH

Ffrindiau Facebook

Roedd Cymry'r gorffennol yn llu penderfynol,
yn credu'n angerddol a gwrol a thriw
y byddai llong hwyliau, trwy gerrynt a thonnau,
yn eu dwyn nhw i lannau'r Ariannin yn fyw.

Roedd swper a stori, y baned, y weddi
a 'steddfod yn corddi rhyw hiraeth yn ôl,
a theisen felysach nag ar fwrdd y gyfeillach
nid oedd ei Chymreiciach mewn dyffryn na dôl.

Ond heddiw, *amigo*, a'r iaith yn fwy cryno,
mae'n haws bod yn Gymro ar Facebook, siŵr iawn:
trwy bostio gwahoddiad, fe ddaw efo'r troad,
lond lle i ail-laniad cyn diwedd y pnawn!

Os oedd yr hen bobol yn griw penderfynol,
yn hwylio'n angerddol a gwrol a thriw,
mae Cymry'r ail ganrif yn fwy o leiafrif,
ond yn syrffio o ddifrif i aros yn fyw.

KO

Puerto de Pirámides

Bws y chwain
i blant Cesar

Dim ond chwanen ydwyf i
o'r enw Mariana,
rwy'n un o deulu mawr y paith
sy'n crwydro Patagonia.

Mae gen i goesau bychain cryf,
does neb fel fi am neidio,
rwy'n gallu dodwy ŵy a chnoi,
ond O! Rwy'n methu nofio!

Pan ddaeth yr haul i chwarae ddoe,
a phawb ar ras i'r traethau,
eisteddais i yn dawel bach
yn ofni mynd i'r tonnau.

"'Tai gen i gap i guddio 'ngwallt,
a gwisg yn streipiau lliwgar,
efallai mentrwn i'r dŵr hallt
a phlymio fel yr adar..."

meddyliais innau'n hwyr brynhawn,
pan welais long yn hwylio,
a dod yn nes, yn nes i'r lan,
yn llwyd, yn hardd, yn sgleinio.

Roedd gan y llong ddwy lygad fawr
a gwaeddodd: "Rho naid i'm gwegil!
Mi af â thi dros donnau'r mor,
am mai bws i chwain yw'r morfil."

Ac felly bu, ac felly mae,
y morfil a Mariana,
dau ffrind yn teithio ddydd a nos
dros foroedd Patagonia.

MH

Aros am y morfil

Puerto de Pirámides

Dw i'n aros am y morfil
sydd piau'r cefnfor hwn,
gan wrando am nodau isaf
cyntefig y cread crwn.

Dim ond weithiau bydd o'n brigo
i boeri ar y byd,
ond pan mae ar fin digwydd
mae'r cwch yn crynu i gyd.

Mae'r tonnau'n cilio'n rhyfedd
yn gylch o egni'n stôr,
cyn bydd bob peth yn fflipio
dan gynffon hyna'r môr.

Dw i'n aros am yr eiliad
sy'n hwy na bywyd, bron,
pan ddaw holl rym y dyfnder –
a mynd – rhwng ton a thon.

KO

Miri'r môr

Dewch am dro i Borth Madryn,
mentrwch i lan y dŵr
bob cam i Pirámides -
cewch antur fawr, rwy'n siŵr!

Cewch hwylio dros y tonnau,
i dreulio'r dydd mewn sŵ
lle nad oes bariau haearn
na dim rhyngom ni a nhw.

A phwy yw 'nhw'? Am gwestiwn!
Nhw yw ein ffrindiau ni -
fel y morfil mawr a'r pengwin
a'r morlew – dyna dri.

Mae'r pengwin yn drwsiadus
mewn dillad gwyn a du,
mae'r morlew'n ceisio canu
heb nodau - dim ond RHUUU!

Ac os bydd lwc yn gwmni,
bydd *ballena*'n galw draw,
fe'i gwelais, wir, un diwrnod
yn gwenu a chodi'i llaw!

Oherwydd dan ei hadain
mae ganddi fysedd a bawd...
r'yn ni a nhw yn debyg -
yn union fel chwaer a brawd.

MH

Gwlad y deinosoriaid

Deinosôr a dyn yn siarad,
a dyn, yn ei faith anwybod o,
yn brolio'r modd y cloddiodd o'r clai
anghenfil yr holl fwystfilod;
y mwy na mawr, y mwy na marw,
yr hwn fu wedi'i ddaearu mor ddwfn.

Deinosôr a dyn yn siarad,
a dyn, o'i nos, yn troi sgerbwd noeth
yn ias o air, Titanosawrws;
y creadur cry' o wydyn
mwya' erioed, er mai rhy hawdd
ydi cloi mewn asennau oesau hanes.

Deinosôr a dyn yn siarad,
a'r un dyn, o wrando dim,
yn sychder ei wychder, heb weld
na rhoi pâl yn haenau'r Paith
ni fydd. Ni all, am fod La Fecha'n fawr
ac yn hen; yn gynhenid.

Deinosôr a dyn yn siarad dyddiadau:
y naill heb ei ben,
a syniadau'r llall yn fwy na'i ymennydd.

KO

Ogof y Dwylo

Ac awn yn ôl. Mae rhwd y cyllyll hir
fu'n torri'r ffordd i'r De yn lliwio'r tir;

dychmygwn ddôl, mor las â llygaid ddoe,
a'r ffordd i'r De yn dweud *"fi piau'r sioe,*

ac yn fy nghôl, mae dwylo hynaf dyn
yn codi i ddweud yr ateb fesul un";

â ffydd y ffôl, cawn fentro'r daith yn siŵr
hyd ffordd y De at ogof ac at ddŵr.

Neu ai ymlaen yw'r ffordd? Ymlaen i'r De?
Ymlaen i'r man lle cawn ni ddarn o'r ne'?

Ac am ymlaen yr awn, drwy ddrysni'r drain,
a'r ffordd yn gyllell hir heb gysur gwain;

ac fesul haen, cawn grafu'r cerrig mwyn,
i geisio lliwiau'r ateb gas ei ddwyn,

ac yno'n staen, mor goch â bys yr hwyr,
mae'r geiriau coll yn gofyn: *"pwy a wŷr,*

yn ôl, ymlaen, pa fodd y down at gael
cwestiwn ac ateb hynaf dyn dan haul?"

MH

Amgyffred

'In Patagonia', Bruce Chatwin

Am nad yw heddiw fyth yn ddiniwed
na ddoe a'i alaw fyth heb ei ddyled,
mae coel 'rôl coel rhwng y cloriau caled,
a'r un hen goel yr awn ni i'w gweled...
O gael heol, cawn glywed - yn y tir
bob un yno'n wir, ond ben i waered.

Trelew

Mererid yn siarad Sbaeneg

Y mae rhyw eiriau gan Mererid
y tu hwnt i ormes Gales i gyd,
o dir aur rhyw gyfandir arall
a'u byw a'u bod yn ddi-ball;

Mae hon yn iaith rhyngom ni,
yn ddweud anodd ei ddadeni,
am mai fy un llais mwy fu'n y llwch,
yn ddwyieithrwydd o ddieithrwch.

Ond y mwya' o eiriau De Amerig
sy'n dawnsio i fod ar dafod dig,
ei rwygo o raid gâi'r geiriadur,
dalennau hwn a'i femrwn o fur.

Fe rennir hen gyfrinach
grymoedd byd rhwng ieithoedd bach;
mwy, fy Sbaeneg yn ddameg ddaeth,
a'i dweud aur yn ddealltwriaeth.

KO

Prosiect

i 'Anti Yvonne'

Yr wyt ti'n deall sut mae codi tŷ
a throi rhyw le di-nod yn gartref hardd,
mae rhywbeth yno'n dy sylfeini sy'n
mwynhau y symud dodrefn, a chreu gardd.
Tra bod pawb arall yn gweld llwch a baw,
rwyt ti'n gweld dur a gwydr, pren a graen,
a'r pethau hyn, o'u gweithio'n ddawnus, ddaw
yn balas sydd yn fwy na maen ar faen.
Fe fu Trelew, pan aeth yr iaith yn rhad,
yn chwilio am un i doi ei strydoedd hi
â llechen las, Gymraeg, i fildio stad –
ac est, er mwyn ei hadeiladu hi.
Oherwydd, er it lwyddo dros y dŵr,
mae'n fwy o brosiect i ddychwelyd, siŵr.

KO

Cysgod ar yr allor

Capel Moriah, Trelew

Covia'r haul sy'n croesi'r awyr
am ei vod yn llawn o wewyr,
covia, yn ei vysedd rhadlon
mae gormodedd o gysgodion.

Covia rannu gair o gyngor,
covia blygu wrth pob allor,
covia vi pan vyddi'n bwysig,
covia ladd pob sarff gwenwynig.

Covia ddyn wrth vyned heibio,
vel yr wyt ti – minau vio,
ac vel rwyv vi – tithau ddeui,
covia ddyn mai marw vyddi.

Covia di y vintai gyntav,
covia di vy ngeiriau olav,
yn y dyvroedd cyn pob glaniad,
covia'r haul sy'n llawn o gariad.

KO

Tristwch

Gwelais heulwen hwyr yr hydref
yn rhoi 'falau coch ar y coed
gwelais wynotedd oer, dienaid
yn sarnu'u gwaed o dan fy nhroed.

Gwelais drwy'r un noson dywyll
yn ffram dy ffenest lamp ynghyn
gwelais fflam ei golau'n gwelwi
ym marwydos fy ngobaith gwyn.

Am hynny mae'r gri
yn ein huno ni
dwy galon yn gwylad
   poenau'r awr...
      tan y wawr.

MH
cyfieithiad o waith Owain Tydur Jones

Patagonia

Os doi di i Batagonia
cei weld y morfil tew,
y pengwin a'r gwanaco
ac ysgol fach Trelew.

Os doi di i Batagonia
cei *empanadas* cig,
asados, oen a theisen
a chyw iâr heb ei bîg.

"A ddoi di i Batagonia?"
yw cwestiwn bach y bardd;
cei glywed plant yn canu
Cymraeg â lleisiau hardd.

Disgyblion Blwyddyn 5 a 6,
Ysgol yr Hendre, Trelew
gyda KO a MH

Cynnal gweithdy byrfyfyr ar ymweliad
ag Ysgol yr Hendre, Trelew

Afon Chubut

Gaeaf y goeden
Rumbo a Treorki

Pwy fedr ddweud o bellter
ai marw a wna'r goeden
    neu ai diosg ei hirder a wna?

Caiff fenthyg lliw llwyd yr amdo
ac nid oes a erys
ond yn eithafon ei changhennau
    un neu ddwy
        ddeilen ddigyffro.

Pwy allo gyrraedd cyfrinach ei balchder ofer
pan fo'r heulwen o'i machlud
yn ymestyn ei chysgod
    dros arian byw
        pen pella'r berllan;

pan fo'r dŵr yn siarad a'r gwynt yn sgwrsio
â hi yn nhawelwch y nosweithiau rhew
dan orchudd sêr
        a ffurfafen liw'r eirin duon bach?

A! Pwy a ŵyr
beth yw'r dolur a lochesa
yn ei chalon o liw'r gaea'?

MH
cyfieithiad o waith Owain Tydur Jones

Dwy ffenest

Yn fy mhen y mae dwy ffenest
i weld y byd yn well,
drwy'r naill rwy'n gweld *montañas*,
drwy'r llall y moroedd pell.

Drwy un rwy'n cyfri'r blodau
gan ddweud 'un, dau, tri', o hyd,
drwy'r llall rwy'n cyfri'r adar
sy'n *uno, dos, tres,* uwch y byd.

Rwy'n agor un a gweiddi:
"Helo 'na! Sut wyt ti?"
O'r llall rwy'n mentro holi:
"*¿Tienes algo para mi?*"

At y naill fe ddaw *mis amigos*
â'u *sonrisas* yn chwerthin iach,
at y llall daw'r straeon doniol
gan griw o ffrindiau bach.

A rhwng y ddwy rwy'n gwybod
'mod i'n gyfoethog iawn -
mae gen i ddau o bopeth,
mae 'myd i gyd yn llawn!

MH

Gaiman

Rachel

a luniodd system ddyfrio'r Gaiman

Tybed o ble daeth dy syniad?
Pryd welaist ti'r tir yn wyrdd?
Sut lais sibrydodd yr eiliad
a drodd yr afon yn ffyrdd?
Rachel y llygaid siŵr,
Rachel yn mentro denu'r dŵr.

Beth holodd y dynion, dywed,
pan glywson nhw'r cynllun gwych
i droi'r afon yn ffynnon gobaith,
creu perllan o'r erwau sych?
Rachel y llygaid hardd,
Rachel yn mentro gweled gardd.

Wrandawodd pob cyfaill yn astud?
A simsanodd ambell un
gan godi ei ael yn gwestiwn,
neu amau'n ei galon ei hun?
Rachel y freuddwyd bell,
Rachel yn mentro deall gwell.

A beth dd'wedodd afon Camwy?
Sut sŵn oedd ym murmur ei thon?
Oedd hi'n ofni methu â chysgu
yn ei gwely newydd sbon?
Rachel â llygaid mam,
Rachel yn mentro fesul cam.

Heddiw mae'r winllan yn dawnsio,
mae curiad yn y caeau ŷd,
a'r awel yn dal i ganu
am dy enw di o hyd.
Rachel y llygaid dwys,
Rachel fentrodd i dorri'i chwys.

MH

Dawnsio ar y Maen Llog
efo Jorge Fondebrider

Mi wn fod yn y meini
rythmau'r tirlun hŷn na ni,
egni mwy na'r gwanwyn mud
a hafau'n prifwyl hefyd.
Does dim ond cyffro'r tango i ti,
dim gorsedd na haul a'i hedd hi.

Er y gwn i Forganwg
droi geiriau'r cymylau mwg
yn ddefod a chleddyfau,
odli'r gwir wna'i hanes gau.
Eto, credu'r tango wyt ti,
nid gorsedd a haul ei hedd hi.

Ac ers Awstiau'r dechrau'n deg,
y werinol ddwyfronneg,
yn wyneb haul goleuni,
wnïai aur i'n clogyn ni.
Dal i ddawnsio'r tango wnest ti,
heb orsedd na haul i'w hedd hi.

Hyd y nef mae'n llef yn llwch
a'r weddi'n gri o 'Heddwch!'
bob blwyddyn dros ŵyl uniaith;
down yno'n gylch, dyna'n gwaith.
Mor ddidaro dy dango di
ar orsedd ein haul a'n hedd ni.

KO

Cân i Hogia'r Wilber

Beth yw llinell nodau'r alaw? Dim ond rhaff
i'n clymu ninnau'n dynn a'n cadw'n saff.
Beth all ddal ein heiddo i gyd? Un whilber fach
a'i llond o sŵn yr iaith yn canu'n iach.
Crotshets clir fel dafnau cynta'r glaw,
tripledi'r tir fel mawn yn llosgi draw,
Hector, Marcelo, Billy, Roberto,
salsa a tango, walts a bolero.

Beth yw perthyn? Ond difyrrwch cwmni'r hwyr
sy'n deall rhythmau'i gilydd, deall llwyr;
Beth yw rhannu dawns sy'n cosi bys a bawd?
Ond gwybod beth yw bod yn chwaer a brawd.
Minim hir fel cusan serch di-daw,
cwafrau'r gwir fel gweddi fach mewn llaw,
salmau, chacarera, hwiangerdd a zamba,
emyn ac aria, cân werin, cerdd danta.

Dyma'r cyfoeth, dyma'r cwbl am wn i,
llond whilber fach o'n hetifeddiaeth ni;
a heno 'ngrug y paith mae dwy hen wlad
yn canu harmonïau eu parhad.
Hector, Marcelo, Billy, Roberto,
salsa a tango, walts a bolero,
salmau, chacarera, hwiangerdd a zamba,
emyn ac aria, cân werin, cerdd danta.

MH

Cywydd Diolch i Luned González

Anturio hwnt i hiraeth
tua'r haul yw cyrraedd traeth;
antur oes i drechu trai
am mai antur yw mintai.
Mae eisiau rhyw Fimosa
i ddod fel y fintai dda
ym mhob oes; dyma yw bod
a'n hen erfyn anorfod.
Ar bob bwrdd, rhaid cael gwir ben,
un all lywio yn llawen,
un ddeil o hyd, yn ddi-lol,
yn hen fyd y dyfodol.
Luned yw cof y glanio,
hi biau'r wên wrth fwrdd bro,
hi biau'r iaith yn ei brat,
y swatio agos-atat.
Daw i alw'r hen deulu
heddiw, ddoe, at deisen ddu,
hi yw Mam Dyffryn Camwy,
y te a'r mate a mwy.
Luned sy'n cynnal heniaith
a geiriau pur gwŷr y Paith,
ac yma yn y Gaiman
hi yw eco *gaucho*'r gân.
Yn ein gwledd, ein gwyn a'n glas,
mae'i henw yn gymwynas;
down yn ôl i'r aelwyd nes,
inni'n sail mae González.

Pwy ddaw ar ei hôl?

o glywed am farwolaeth Tegai Roberts yn Ebrill 2014

Hwyliodd braw dros gefnfor tawel
'leni'n ias o lanw isel;

Colli Tegai, a Mai mwyach
ddaw yn hwyr, rai graddau'n oerach;

Mae'r Gymraeg ym marw'r eigion,
bedd rhy gul sy'n boddi'r galon;

Tegai'r don a'i thorri'n llonydd
a dŵr chwerw rhwng chwiorydd;

Ofer ydyw ceisio'r hafan,
gwag yw yma, gwag yw'r Gaiman;

Am ei hoes, hon oedd Mimosa,
Tegai, hanes Patagonia;

Ond mae mintai, er y treio
ola' hwn yn dal i lanio;

Ar raff fain mae'r wawr i ffynnu,
Tegai annwyl wyddai hynny.

KO

Cof cenedl

o, mor hoff yw cwmni'r brodyr
'sna'm byd tebyg dan y ne'
dyma gariad nad a'n angof
achos dw i'n berson gwahanol yn yr un hen le...

ar lan hen afon ddyfrdwy ddofn
uwch yr eira, wybren ros
ar lan y môr mae pob rhinweddau
wyt ti'n cofio'r nos...

ond mae chwarae'n troi yn chwerw
yn anterth llwydd a bri
fedar carreg ddim rhoi gwaed
anfonaf angel atat ti...

mi wellaf pan ddaw'r gwanwyn
does neb yn ei nabod o
gad im ddod o'r nos yn rhydd
mi welais jac y do...

bydd glaswellt dros fy llwybrau i gyd
pan ddatodo rhwymau'r rhod
ac os daw fy nghariad heno
yma wyf inna i fod...

KO

Croesi'r Paith

Cwmni ar y Paith

Yn Nyffryn yr Allorau nid oes sôn
am Hans na Fondebrider yr un waith,
na Carolina, nac am Jorge'r lôn;
ni chlywir am Verónika ychwaith.
Nid oes yn Nôl y Plu Rodolfo hael,
a beth yw Punto'r Indiaid heb ei ryd?
Dyw Dyffryn y Merthyron ddim i'w gael,
a chwilio'r wyf am Hafn y Glo o hyd.
Nid oes, wrth reswm, le i awyr glir,
nac eto'r gwynt, na chysgod cwmwl blin,
nid oes ond lle i dynnu llinell hir
a ddywed ddim am stori, dim ond ffin.
Heb gwmni'r rhai sy'n cofio camau'r daith,
pa ddiben dilyn map wrth groesi'r Paith?

Emffysema

A dyma Hafn y Glo.
Hollt finiog ar fy rhestr
rhwng cadernid Dyffryn yr Allorau
a meddalwch Dôl y Plu.
Hafn y Glo.
Rwy'n chwilio ar ymylon adnabod
am stamp y rhedyn
sy'n estyn ei fysedd o'r oesoedd
cyn yr oes o'r blaen.
Hafn y Glo.
Rwy'n gwrando am arogl y gwlith,
neu chwiban y dihuno yn llinynau'r awr
pan ddadweindiodd y ffidil las ei phen.
Hafn y Glo
yn fin, yn gledd,
yn gilfach cyfrinach
fel cof erioed.
Hafn y Glo
yn enw hardd.
Hafn y Glo.
Mae enw hŷn na hwn,
mewn marwydos, rhywle, sbo.
Hafn y Glo
yn dwyn fy anadl.

MH

Yfed mate yn Nôl y Plu

Diolch a wnaf i
fod yna, yn Nôl y Plu,
Batagoniaid sy'n parchu
paned dda o ddail
yerba mate –
wedi'u sychu'n ddyheuig
cyn eu socian wedyn
mewn dŵr berwedig –
i'w hyfed yn ara' trwy welltyn arian
o gwpan.
Mmm...

A gwaredu a wnaf i
fod yna, yn y tiroedd hynafol hyn,
Batagoniaid sy'n barod
i gynnig i fforddolion sychedig –
mewn dŵr berwedig –
y cyfryw ddeiliach awchus
(yr *Ilex paraguariensis*)
mewn bag te!

'Does ryfedd mai diod chwerw ryfedda',
ar y cegiad cynta',
sydd i'w blasu trwy'r *bombilla*.
Ac onid dyma'r
math o betha'
ac agwedda'
sy'n dymchwel gwareiddiada'?

KO

Trevelin

Eira ar yr Andes

Trwy ffenestri llychlyd y tŷ te
does dim modd i mi osgoi
gwynder
yr eira ar yr Andes;

na'r hiraeth am y môr,
patrymau arferol, gogleddol,
fy awyr o sêr
na hanner gwên cryman o loer;

gorfododd yr ias wen yn yr aer
ei ffordd i'r geg
a dwyn esgyrion fy ngeiriau
fesul cwmwl gwyn.

A dyna pryd y dychwela'r ystyr,
yn wyneb purdeb fy rhyfeddu
a'r ffaith ddiymwad
ei bod hi'n oer,
ei bod hi'n dawel,
ei bod hi'n sobor o wen,
a'i bod hi'n eira,
yn eira mawr,
ar yr Andes.

KO

Gwrando ar Sara Green

yn datgan ei cherdd 'Patagonia'

Mae'n corddi'r iaith mewn cerdd rydd,
cerdd hen ei hawen newydd,
cerdd am dir ac am hiraeth,
am y dref, am gwm, am draeth,
am eira ac am oriau
aur yr hwyr. Cerdd am barhau.
Os yn ei hiaith mae sŵn hen,
nid ddoe yw dydd ei hawen,
o'i blaen mae ei phobl hi,
am ymlaen, am eleni
mae'i chân, a Phatagonia
yw nodau ei dyddiau da.
Os rhan o lais yr hen wlad
ydyw hi, mae'r dyhead
newydd sbon yn gerdd Sbaeneg,
a dwy chwaer sy'n llond ei cheg,
dau deulu mewn dwy alaw,
dau ddoe yn yr eiliad ddaw.
Dan sodlau'i hiaith mae dawns dlos,
mor siŵr a dŵr diaros
mae'n mynd a mynd ymlaen mwy
yn rhuthur dros hen drothwy -
geiriau'i chân sy'n gwreichioni,
a thyf tân o'i thafod hi.
A dyma'i hud: gweld ymhell
tua'r llun hwnt i'r llinell,
y llun cymun sy'n cymell
gweld â dwy iaith ei gwlad well.

MH

61

Gorsedd y Cwmwl

Chaiff pawb ddim dringo i Orsedd y Cwmwl,
a chei di byth fentro dy hun,
am mai mynydd direol a gwyllt ydi hwn,
nid parc bach i dynnu llun.

Does yna ddim llwybr i Orsedd y Cwmwl,
na warden na thorrwr coed,
am fod hwn yn bod ar ei delerau ei hun,
ac am ei fod yno erioed.

Does neb wedi concro Gorsedd y Cwmwl,
dim ond un copa, ddim llawer yn ôl,
am fod y rhew a sgri yn fwy styfnig na ni,
ac mae'i tjanshio hi'n farwol o ffôl.

Ond i ffwrdd am fforestydd Gorsedd y Cwmwl
yr â dyn i ddyfeio ei dduw,
am mai rhywle'n y drysni, rhwng daear a nef,
wrth herio'i farw, mae'n teimlo'n fyw.

KO

Cwm Hyfryd
ar ôl R Bryn Williams

Pe deuai llanciau o Gymru heddiw i fan hyn,
a welent hyfrydwch mewn eira gwyn?

A deimlent, 'rôl gyrru'r pellterau llwm,
rhyw hiraeth terfynol wrth gyrraedd y Cwm?

A thros fil milltiroedd diffeithwch y Paith,
a garient i'w cynnal un grefydd, un iaith?

Wrth ddadmer y gormes i'w hanes hwy,
a gadwent ddrws Bethel ar agor byth mwy?

Am mai dyna'r deisyfiad yng nghalon y bardd
a phob enaid chwâl mewn llefydd mor hardd.

Ond a fyddai hynny'n ddigon o hyd
wrth i fyddin arloeswyr fynnu newid y byd?

KO

Dewi, y *gaucho* bach

Ysgol yr Andes

Mae Aarón mewn cornel yn cuddio ers tro,
a Jerre sy'n methu ei ffeindio fo;
mae Seba yn paentio ei dwylo yn biws,
mae Jessi yn darllen, ond beth ydi'r iws?
     "*Gaucho* ydi 'nhad, a *gaucho* oedd fy nhaid,
     a dw i'n fodlon dod i'r ysgol, dim ond pan fo raid."

Mae Iriel yn dawnsio o gwmpas yr ardd,
Ayumi yn actio dan hetiau hardd,
ac mae pawb wrth eu boddau yn canu trwy'r dydd
tra bo Dewi'n breuddwydio am ei oriau rhydd.
     "Am mai *gaucho* ydi 'nhad, a gaucho oedd fy nhaid,
     a dw i'n fodlon dod i'r ysgol, dim ond pan fo raid."

I Dewi a'i *boina*, mae heddiw'n annheg,
y Dewi myfyriol â'i fys yn ei geg;
y Dewi sy'n gwybod, wedi'r gwersi a'r gwaith,
y caiff rywbryd hel gwartheg yn sychder y Paith.
     "Oherwydd *gaucho* ydi 'nhad, a gaucho oedd fy nhaid,
     a dw i'n fodlon dod i'r ysgol, dim ond pan fo raid."

KO

Bariloche

Yn y lleiafrif

y Mapuche a'r Galesa

Roedd dy lygaid di'n dywyll,
a'u dweud yn wir,
eu stori glân yn ystyr glir;

roedd dy eiriau'n gyfarwydd,
a'th gerddi di
yn dala iaith fy odlau i;

roedd dy lais di'n gysur,
yr haul oedd dy wên,
a ninnau'n dau yn ffrindiau hen

heb nabod ei gilydd
ond cyrion sgwrs awr,
y lleiaf eu hiaith mewn llef fawr;

dau'n deall yn dawel
yn y bylchau mud
o gael dawn gweld, dyna'i gyd.

MH

Manase

Ga' i groesi, Manase, ga' i groesi'r ffin?
Beth sy'n dy sachell, Deithiwr blin?

A lwythaist ti'r sachell? Do… Naddo… Do…
Do'r darn dan y bwcwl, nid y darn dan glo.

Does gen i ddim bwydydd, dim cnau na chig.
Ond dwed, yn dy sachell oes owns fach o ddig?

Does gen i ddim arfau, dim gwn na bom.
Tybed, yn dy sachell, oes dwy bwys o siom?

Does gen i ddim moddion, dim gwenwyn na darn
o bapur. *Yn dy sachell, oes mymryn o farn?*

Does gen i ddim pensil … *Ond yn dy sachell ddofn,
oes gen ti amheuon neu damaid o ofn?*

*Tyrd, gwagia dy sachell, fy nghyfaill, a gad
atgofion pob cweryl yn y darn rhwng dwy wlad.*

Ti'n gweld, medd Manase, wrth y teithiwr blin,
rhaid wrth feddwl agored cyn croesi ffin.

MH

Y dydd olaf
ar lan y Môr Tawel

Mae sŵn yn llam y sianel, a thwrw'r
   llanw llwyd yn dymchwel
  aur yr haf, ac mae rhyfel
  oer yn y môr yn ymhel.

Ym mhair tywyll y môr tawel – mae storm
   is y dŵr yn diwel
  hen gerydd, ac o'r gorwel
  daw'r don yn ffrwydron ffarwel.

MH

Diwedd y daith

¡Escúchame!

Escúchame mi niño,
gwranda hyn o bennill,
mae stori hir y Wladfa
yn fwy na cholli ac ennill.
Escúchame mi niña
clyw yr oerni'n ddagrau,
a gwranda wedyn ar yr haul
yn chwerthin yn y blodau.

Ni chlywi awel Tywi,
na sisial Llyfni chwaith,
ond clywi gân dy Gamwy
yn emyn donau'r Paith.
Ni weli di mo'r Bannau,
na chopa'r Wyddfa wen,
ond gweli gribau'r Andes
yn cosi cwr y nen.

Os gwyddost am Lywelyn,
Gwenllian a Glyn Dŵr,
mae dy stori di, fy mhlentyn,
yn fwy na hyn, dw i'n siŵr.
Ti piau chwedlau'r *gaucho*
dan awyr leta'r byd,
dy gof yw cof Tehuelche,
mae'r stori'n gewri i gyd.

Escúchadme mis niños
clywch fory'n dweud â gwên
fod angen rhannu'r cyfan
cyn aiff heddiw yn rhy hen.
Escúchadme mis niños
agorwch gil y clawr,
chi piau'r bennod nesaf
yn stori'r llyfr mawr.

Ar ôl...

Hon oedd y ffordd yn ddi-ffael: dod, ymweld,
    dod a mynd bob gafael,
   dathlu'r glaniad a gadael.
   Troi ar ei hynt wnai'r twr hael.

Ond tynnu wna'r cant a hanner – ein byd
    at bont; nid yw'r pellter
   mwy yn waith, mae'n fordaith fer
   a ni'n fintai un fenter.

Nodiadau

Morgan a Mary Jones

Ganwyd Morgan Jones ar fwrdd llong y Mimosa ar Fehefin 11, 1865, i'w rieni, John a Mary Jones o Aberpennar.

Bŵts KO

Rhoddodd y trefnwyr y teitl 'Anghofio Chatwin' ar ein taith ni, gyda'r awgrym o geisio edrych o'r newydd ar Batagonia a rhoi o'r neilltu waddol Bruce Chatwin a'i lyfrau taith dadleuol. Wrth bacio i fynd ar daith fel hon, roedd bŵts swêd Karen yn ddewis perffaith: yn addas i bob tywydd, yn gweddu pob gwisg, yn gadarn, yn ddi-ffws ac ar ben y cyfan, yn gyfforddus.

Anti Norma

Ym mis Awst 1975 daeth criw o 60 o Batagoniaid draw i Ddyffryn Nantlle i aros gogyfer ag Eisteddfod Genedlaethol Bro Dwyfor. Daeth dwy ohonynt i aros i dŷ Karen ym Mhen-y-groes. Tynnwyd lluniau bryd hynny o Karen yn faban gydag 'Anti Norma' ac 'Anti Yvonne'. Trwy gyd-ddigwyddiad llwyr, y wraig gyntaf i ddod i ddarlleniad cyntaf y daith, a hynny yn Buenos Aires, oedd Norma Elena Hughes, sef 'Anti Norma'.

Daw'n wreiddiol o Drelew, ond gadawodd am brifddinas yr Ariannin pan oedd hi'n 18 oed, er mwyn hyfforddi i fod yn nyrs.

Sgiltisgafndroed

Sgiltisgafndroed – cymeriad o Lys y Brenin Arthur yn chwedl Culhwch ac Olwen, a oedd yn enwog am fod yn chwim, am gerdded ar frigau coed ac ar flaen y cawn yn hytrach na dilyn y ffordd. Yn y gerdd,

Sgiltisgafndroed yw'r bachgen bach tlawd a safai wrth y goleuadau traffig yn Buenos Aires yn disgwyl y golau coch cyn camu i'r ffordd fawr. Yna, byddai'n ei chroesi ar ei ddwylo a'i draed, fel 'olwyn cert', gan ofyn am arian am ei gamp gan y gyrwyr.

Expectamus Dominum
"Disgwyliwn Ein Duw". Dyma'r geiriau sydd ar y bwa uwch glwydi'r fynwent fawr yn La Recoleta, Buenos Aires. Mynwent y cyfoethog yw hon, ac mae'n atyniad poblogaidd gan y twristiaid. Ymhlith y meirw mae Eva Perón a nifer o enwogion eraill Yr Ariannin.

Milwyr y Malvinas
Yn ystod ein cyfnod yn Buenos Aires, roedd cyn-filwyr yn protestio o flaen y Weinyddiaeth Amffiddyn. Er iddyn nhw ymladd yn ymgyrch 1982-83, mae llywodraeth yr Ariannin yn gwrthod eu cydnabod â statws 'feteran'. Mor ddiweddar â diwedd Mai 2015, roeddan nhw'n dal i brotestio tros hawliau.

Blodeuwedd's
Un o'r pethau rhyfeddaf i ni sylwi arnynt yn Buenos Aires oedd y ffasiwn ymhlith menywod hŷn, cyfoethog o gael trin eu gwefusau nes eu bod yn chwyddedig a disymud.

Ogofâu traeth Porth Madryn
Un o chwedlau'r Glaniad yw'r hanes am y fintai gyntaf yn gorfod ymgartrefu dros dro yn yr ogofâu ar draeth Porth Madryn tra'r oedd pobl fel Lewis Jones ac Edwin Cynrig

Roberts yn mynd ar y blaen i baratoi lle iddynt fyw. Mae cryn anghytuno ynghylch y stori hon, ond erys yr ogofâu. Ymhlith y graffiti yn y garreg wen, feddal, roedd un gair cyfarwydd, 'Karen'.

"¡No Somos Cristianos!"

Mae hanes treisgar am y Sbaenwyr a laniodd ar diroedd Patagonia a sôn amdanynt yn ymosod ar bobl y Tehuelche. Yn null y cyfnod, roedd y goresgynwyr yn grediniol bod eu crefydd nhw'n rhagori ar y grefydd 'baganaidd, frodorol', ac fel 'Cristianos' (Cristnogion) y byddai'r Tehuelche yn eu hadnabod. Pan laniodd y Cymry, felly, a'r Tehuelche yn ffoi rhagddynt, er mwyn ceisio eu darbwyllo i aros a bod yn ffrindiau, bu'n rhaid gweiddi "¡No somos Cristianos!", sef "Nid Cristnogion ydym ni!" Mae eironi rhyfedd yn hyn, wrth gwrs, o gofio mai un o'r rhesymau dros daith y Cymry yn y lle cyntaf oedd er mwyn cael rhyddid i ymarfer eu ffydd Gristnogol.

Cofia Tierra del Fuego

Ar ôl ymweliad ag amgueddfa ethnograffig, a chlywed yr arbenigwraig yno'n disgrifio trigolion nomadaidd Tierra de Fuego (Tir y Tân) a'u dulliau "cyntefig", y cwestiwn oedd, pwy yw'r anwariaid? Pwy sydd â'r hawl ar unrhyw ddarn o dir? A phwy sy'n deall orau rythmau'r ddaear?

Ac mae'r esgid fach yn gwasgu

Rhai o flodau cynhenid Patagonia yw Amor Seco, Topa Topa

a Lengua del Fuego. Yn llythrennol, ystyr 'amor seco' yw 'cariad sych', a 'lengua del fuego' yw 'tafod y tân'. Daw'r blodyn 'Topa Topa' o deulu'r 'Calceolaria', ac ystyr y gair hwnnw yw 'esgid fach'.

Puerto de Pirámides
Dyma gyrchfan twristiaid sydd am weld bywyd gwyllt Patagonia. Fe'n cludwyd yno mewn bws gan yrrwr o'r enw Cesar. Wrth iddo estyn potel fach i ddangos enghraifft o greaduriaid bach coesog sy'n byw yn eu miloedd ar gefn morfil, ymddiheurodd am nad oedd yn cofio'r gair Saesneg amdano, dim ond, digwydd bod, y gair Cymraeg a Sbaeneg. A heb ddeall bod Cymry ymhlith ei deithwyr, mentrodd dan ei anadl y gair "chwanen". Mae dros 7,500 o chwain yn teithio ar gefn pob morfil!

Ar wahân i'r ffaith ryfeddol hon, dysgom wrth astudio sgerbwd morfil yn amgueddfa'r warchodfa natur fod gan forfil ddwylo, ac bod pedwar bys a bawd i bob llaw.
Trwy gyd-ddigwyddiad rhyfedd, enw'r cwch aeth â ni i chwilio am forfilod y diwrnod hwnnw oedd Mimosa III.

Prosiect
O flaen Capel Moriah yn Nhrelew, ar ôl ymweliad ag Ysgol yr Hendre, y digwyddodd yr aduniad rhwng Karen ac 'Anti Yvonne' – ddeugain mlynedd ers eu cyfarfyddiad cyntaf ym Mhen-y-groes, Dyffryn Nantlle. Mae Yvonne Owen yn dod o deulu o adeiladwyr, ac mae hi ei hun yn gynllunwraig o fri. Bu'n byw yng Nghymru am tuag ugain mlynedd, cyn dychwelyd i fyw i Drelew.

Miri'r môr
Llun o'r criw

Gwlad y deinosoriaid
Ym Mhatagonia y daeth archeolegwyr o hyd i sgerbydau'r deinosôr mwyaf erioed, sef yr Argentinosawrws... nes iddyn nhw ganfod esgyrn creadur mwy byth yn 2014! Enw hwnnw ydi'r Titanosawrws, a'r gred ydi bod criw ohonyn nhw wedi cronni o gwmpas pwll dŵr yn La Fecha, Patagonia, yn ystod sychder mawr 95 miliwn o flynyddoedd yn ôl, cyn marw. Mae amcangyfrifon yr arbenigwyr yn cynnig bod y Titanosawrws yn pwyso 77 tunnell, o'r un hyd â thri bws ac mor dal ag adeilad 70 llawr. Ond, mae un darn o'r sgerbwd ar goll - mae cloddwyr wedi methu, hyd yma, â dod o hyd i'w ben.

Ogof y Dwylo
Yn ne Patagonia, ym masn afon Pinturas, mae ogof ryfeddol, Cueva de las Manos, gyda darluniau trawiadol o ddwylo wedi eu paentio â lliwiau a dynnwyd o fwynau'r tir. Bernir eu bod rhwng tua 9,000 a 13,000 o flynyddoedd oed. Ystyr Pinturas yw 'paentiadau'.

Cysgod ar yr allor
Y tu mewn i Gapel Moriah, a'r lle'n gysgodion i gyd, daeth llafn o olau trwy'r ffenestr a bwrw cysgod hudolus ar yr allor. Roedd y cysgod hwnnw o'r un siâp gothig â charreg fedd i un o'r ymfudwyr cyntaf yn y fynwent y

tu allan. Ar y garreg honno – carreg Hannah Jones, Bryn Du – mae pedair llinell yn arddull yr hen benillion, sy'n defnyddio 'v' yn lle'r llythyren 'f'.

Owain Tydur Jones

Magwyd Owain Tydur Jones ar aelwyd Gymraeg yn y Wladfa, ac mae'n fardd ac yn llenor yn yr iaith Sbaeneg. Mae wedi cyfieithu nifer o gerddi Cymraeg i'r Sbaeneg, ond mae ei waith mwyaf wedi bod ym maes egluro a chyfieithu hanes y Wladfa, a chyfleu nodweddion bywyd y Cymry i'w gyd-wladfawyr sydd ddim yn medru'r Gymraeg.

Rachel

Gwraig o'r enw Rachel Jenkins fu'n gyfrifol am ddychmygu system ddyfrio Dyffryn Camwy. Hyd heddiw mae'r camlesi i'w gweld yn y Gaiman. (Yn Genesis 29, adnod 17 mae sôn am Jacob yn ymserchu yn Rachel gan ddweud fel hyn, "Yr oedd llygaid Lea yn bwl, ond yr oedd Rachel yn osgeiddig a phrydferth".)

Dawnsio ar y Maen Llog

Pan aethom ni ar ymweliad â Chylch yr Orsedd yn y Gaiman, roedd hi'n smwclaw, ac wrth geisio egluro i'r bardd o'r Ariannin, Jorge Fonderbrider, arwyddocad, lleoliad a seryddiaeth y meini, yn 'wyneb  haul a llygad goleuni', dechreuodd Karen ddawnsio ar y Maen Llog gyda Jorge. Doedd dim miwsig. Dim gorsedd. Dim patrymau. Dim Iolo Morganwg. Dim ond llwyfan o garreg frown, feddal, y Gaiman dan eu traed.

Cân i Hogia'r Wilber
Pedwar o fechgyn o ardal Y Gaiman, sy'n diddanu cynulleidfaoedd â'u cyfuniad unigryw o fiwsig Cymraeg a Lladin-America.

Luned González a Tegai Roberts
Yn llinach y ddwy chwaer hon, ar y ddwy ochr, mae rhai o'r ymfudwyr cyntaf i'r Wladfa. Michael D Jones a Lewis Jones yn hen deidiau iddynt. Llwyd ap Iwan, mab Michael D Jones, oedd eu taid. Cawsom groeso brwd yn amgueddfa'r Gaiman gan y ddwy. Ni ellir tanbrisio cyfraniad y ddwy wrth sicrhau parhad y diwylliant Cymreig yn Y Wladfa. Bu farw Dr Tegai Roberts ym mis Ebrill 2014, yn 87 mlwydd oed. Roedd hi'n arbenigwraig ar hanes Y Wladfa.

Cof cenedl
Ar y daith mil milltiroedd, fe dreuliasom ddyddiau yn y car, ddydd a nos. Weithiau, roedd cyfansoddi cerddi yn torri ar yr undonedd; dro arall, fe fyddem yn cyd-ganu emynau, penillion ac alawon gwerin. Un noson, rhwng dau olau, wedi dwywawr di-dor o ganu deulais wrth nesau at oleuadau Esquel, gofynnodd un o'n cyd-deithwyr, "Ymhle cawsoch chi'r holl eiriau hyn?"

Cwmni ar y Paith

Un o gymeriadau anwylaf y daith oedd Carolina, a'i llais melfedaidd yn ein tywys, ddydd a nos, trwy declyn y SatNav. Jorge Aulicino, bardd dwys a dywedwst y criw, a'i bedyddiodd hi'n Carolina, ac mae rhai o'r farn ei fod wedi syrthio mewn

cariad â hi. Mae aelodau eraill y daith yn cael eu henwi yn y soned hon – yn eu plith, Jorge Fondebrider, Hans Schulz a Verónika Zondek. Rodolfo oedd y Samariad Trugarog a ddaeth i'r adwy pan dorrodd un o'n cerbydau i lawr yng nghanol yr unigeddau, rhyw 70 cilomedr o Ddôl y Plu.

Yfed mate yn Nôl y Plu

Te chwerw a yfir trwy welltyn arian ydi mate. Mae'r gwaith o gasglu'r dail *yerba mate*, a'u sychu, yn cymryd amser. Ysgogwyd y gerdd gan y syniad fod modd prynu mate bellach mewn cydynnau tebyg i fagiau te.

Gwrando ar Sara Green

Mewn noson o ddarlleniadau a dawnsio gwerin yn Nhrevelin, cyflwynodd merch ifanc o'r enw Sara Green – yn llinach Mary ac Alwen Green – gerdd angerddol am Batagonia, yn Sbaeneg.

Gorsedd y Cwmwl

Mae gan y mynydd 2020m o uchder hwn dri chopa, a dim ond un ohonynt – sef Gorsedd y Cwmwl – y mae dyn wedi llwyddo i'w ddringo. Roedd hynny yn 1954. Hyd heddiw, mae'n rhaid i bawb sy'n dymuno dringo Gorsedd y Cwmwl ofyn am ganiatad gan yr awdurdodau, ac mae'n ofynnol i bawb fynd mewn criwiau o 6. A phe baech chi'n ddigon penderfynol i gyrraedd y top, dim ond lle i saith o bobl – ar y mwyaf – sydd ar y copa!

Cwm Hyfryd

Mae'r gerdd hon yn adleisio'n fwriadol gerdd R Bryn Williams i 'Bethel, Cwm Hyfryd'. Ym Mlaenau Ffestiniog y ganwyd Richard Bryn Williams (1902-81) ond aeth ei rieni i fyw i Chubut, Patagonia, pan oedd o'n ddim ond saith oed. Dychwelodd i Gymru yn 1923, a daeth yn arbenigwr ar hanes Y Wladfa. Enillodd Gadair yr Eisteddfod Genedlaethol yn 1964 a 1968, a bu'n Archdderwydd Cymru.

Dewi, y *gaucho* bach

Yng nghanol y paentio, yr adrodd straeon a'r dysgu rhifo yn Gymraeg sy'n digwydd yn Ysgol yr Andes, Trevelin, doedd dim byd yn bwysicach i Dewi na thyfu i fyny i fod yn *gaucho* – fel ei dad a'i daid o'i flaen. Ynghyd â'r brat gwyrdd a choch y mae'r plant i gyd yn eu gwisgo, roedd Dewi hefyd yn gwisgo am ei ben, y *boina*, fel pob *gaucho* go iawn.

Yn y lleiafrif

Tua diwedd y daith, ymunodd Victor Cifuentes Palacios, y Mapuche, gyda ni. Mapundungun yw iaith y Mapuche ac fe'i clywir yn Chile ar ochrau gorllewinol Patagonia. Er nad oeddem yn adnabod Victor, roedd ei brofiad o fyw yn sŵn Sbaeneg a'n profiad ni o fyw yn sŵn Saesneg, yn golygu ein bod yn deall ein gilydd.

Manase

Ar y ffin â Chile, daeth Manase i'n hebrwng. Ymfalchïai yn ystyr ei enw, nid 'anghofio' ond yn hytrach 'peri i anghofio'.

Y dydd olaf

Mynyddoedd yr Andes ydi'r ffin rhwng Yr Ariannin a Chile; a thu hwnt i Chile y mae glannau'r Môr Tawel, lle treuliasom un o brynhawniau olaf y siwrnai.

Tred 6/10/2015